AF232225

27

n. 16392.

UNE STATUE

DU

DUC DE PLAISANCE

SERA INAUGURÉE

Le 10 Octobre 1847,

A COUTANCES.

J'ai pensé que, dans cette circonstance, il serait convenable de faire imprimer une Biographie très courte sur mon Père ; elle ne contient que des faits et répondra en partie à des erreurs contenues dans différents ouvrages.

CHARLES-FRANÇOIS LE BRUN, duc de Plaisance, naquit à Saint-Sauveur-Lendelin, le 19 mars 1739, il termina à Paris ses études commencées à Coutances : ce fut alors que la lecture de l'*Esprit des Lois* déve-

---

Cette statue plus grande que nature a été faite par un sculpteur habile, M. Etex. L'artiste a représenté le Duc de Plaisance assis, revêtu de l'habit et du manteau de Prince, Architrésorier de l'Empire. Elle sort des ateliers de M. Saint-Denis, fondeur.

1847

loppa en lui la disposition qui le portait vers l'étude du droit public et des gouvernements dans leurs diverses formes; il voulut voir la Hollande, l'Angleterre, et connaître l'influence que des institutions libres avaient sur le bonheur et la prospérité des nations; après un séjour assez prolongé à Londres, il revint à Paris avec des connaissances peu répandues à cette époque; il ne savait encore quel emploi il en pourrait faire, lorsqu'un professeur en droit, alors célèbre, et dont il avait suivi les leçons, le présenta au magistrat qui, bientôt après en 1768, devint chancelier de France : ses débats avec les parlements, leur exil, sont des faits assez connus; mon père dut à sa position modeste et surtout à son caractère de n'être pas mêlé aux honteuses intrigues de cette époque. Mais les discours du roi aux lits de justice, ceux du chancelier, qu'on savait faits par lui, des travaux importants sur l'organisation de la justice, sur l'étude du Droit, sur la direction à donner à l'éducation, lui avaient acquis une réputation qui le suivit dans sa retraite qu'il prolongea plus par goût que par nécessité; depuis 1774 jusqu'en 1789, ce temps ne fut pas perdu pour l'étude et le travail.

Les vertus privées de Louis XVI n'avaient pu réparer les malheurs de la fin du règne de Louis XIV; la licence des mœurs qui suivit et dont Louis XV, dans les dernières années de sa vie, donna le funeste exemple, trop souvent imité par les hautes classes de la société, aggrava le mal en brisant par la déconsidération les anneaux de la hiérarchie sociale. La nation mécontente, les classes moyennes humiliées eurent d'habiles écrivains pour interprètes. L'orage se formait! Le désordre des finances, une banqueroute imminente, le firent éclater. Vainement les ministres qui se succédèrent épuisèrent-ils tous les expédients, eurent-ils recours à des assemblées provinciales, aux notables; il fallut subir les États-généraux, mon père y fut envoyé par le baillage de Dourdan.

Il avait suivi avec attention la marche des événements, la disposition des esprits. Pour une nation vive, passionnée, sans expérience, il craignait les dangers d'une révolution; mais il aurait voulu que le souverain vint avec franchise au devant de ses désirs, de ses besoins; que, par un appel au clergé et à la noblesse, il obtint du patriotisme de ces deux ordres, qu'ils renonçassent à ceux de leurs priviléges qui ne pouvaient se concilier avec les grands principes d'égalité devant la loi et de répartition égale des charges de l'État. Le clergé eut conservé ses biens, la noblesse ses titres, ses droits honorifiques, les trois ordres auraient été représentés dans le parlement par des députés choisis

par chacun d'eux; la liberté de conscience, le juge-
ment par jurés eussent été garantis. Il développa et
discuta l'utilité de cette mesure et la possibilité de son
exécution dans un écrit intitulé *la Voix du Citoyen,*
qui parut quelques jours avant l'ouverture des États-
généraux. On y trouve cette chaleur du style, résultat
d'une profonde conviction et d'un ardent patriotisme;
mais pour imposer des sacrifices aux uns, fixer des
limites aux exigences des autres, les réunir dans un
sentiment commun, l'intérêt général, il aurait fallu
dans celui qui gouvernait cette réunion d'habileté, de
caractère qui fait les grands rois, et qui manquait au
faible Louis XVI.

Mon père laissa à des hommes plus jeunes, plus ar-
dents, les discussions politiques qui s'agitèrent dans
les États-généraux, devenus Assemblée Constituante;
il ne parla que sur la question des biens du clergé et
sur le remboursement de la dette exigible en assignats
forcés; il ne fut pas de l'avis de la majorité. Nommé
membre du comité des finances, il en fut très souvent
le rapporteur. Avec de nouvelles institutions, tout était
à changer dans l'assiette de l'impôt, dans sa percep-
tion, dans la comptabilité. On apprécia ses travaux,
et ils le sont encore de ceux qui, par devoir ou par

curiosité, ont eu besoin de recourir aux documents de cette époque.

Après l'Assemblée Constituante, nommé administrateur du département de Seine-et-Oise, il en présida le directoire. Les directoires de département étaient investis en grande partie des attributions maintenant dévolues aux préfets. C'était sur le président que pesait particulièrement la responsabilité. Ces fonctions difficiles sous un gouvernement nouveau lorsque toutes les passions s'agitaient, le devinrent encore davantage dans le département de Seine-et-Oise par la disette des grains; des émeutes en furent la suite et coûtèrent la vie au maire d'Étampes; il fallut recourir à des mesures sévères que mon père réclama en termes énergiques à la barre de l'Assemblée législative; elles produisirent leur effet! mais celui qui les avait provoquées en porta la peine. Le club de Versailles ne cessa de le dénoncer comme un aristocrate et un partisan du despotisme. Il faisait face à l'orage, mais il sentait que bientôt, peut-être, ses collègues qui jusqu'alors lui avaient prêté un courageux concours, craindraient le contact d'un homme suspecté; il balançait encore à donner sa démission. Le 10 août fit cesser ses incertitudes.

Retiré dans sa terre de Grillon, près Dourdan, dé-

fendu par l'affection des habitants de cette petite ville,
il leur dut quelques jours de tranquillité, mais bientôt leurs efforts devinrent inutiles ; arrêté comme sus-
pect, il fut emprisonné à Versailles; il allait dans deux
jours être transféré à Paris, et traduit devant le tribu-
nal révolutionnaire, lorsque le 9 thermidor, en met-
tant un terme à la terreur, le rendit à la liberté.

La constitution de l'an III créa un corps législatif
composé de deux conseils, l'un des Cinq-Cents, l'autre
des Anciens ; nommé par le département de Seine-et-
Oise, son âge le plaça dans le conseil des Anciens.
Indépendamment des questions de finances dont il
s'occupa spécialement, il porta à la tribune des opinions,
des rapports sur des questions de diverses natures,
monétaires, manufacturières, commerciales, où l'on
retrouve avec cette hauteur de vues cette solidité de
raisonnement dont il avait donné des preuves à l'Assemblée constituante, des efforts toujours constants
pour faire prévaloir cette vérité, que, pour les gouvernements, comme pour les particuliers, ce qui est
juste, équitable, est en même temps le plus utile.

Ces mêmes principes, il les soutint en combattant
un projet de loi voté par le Conseil des Cinq-Cents,
dont le but était d'*admettre ou plutôt de contraindre
les pères, mères et autres ascendants d'émigrés au par-*

*tage immédiat avec l'État pour la portion qui revenait à
des émigrés dans leur succession.* C'était une iniquité
d'autant plus odieuse, qu'elle se déguisait sous le
masque de l'intérêt pour ceux qu'elle frappait; il
trouva pour cette cause des paroles éloquentes et cou-
rageuses qui eurent alors du retentissement.

Cependant la paix, due aux brillants exploits du
jeune vainqueur de l'Italie, avait été rompue, et pen-
dant qu'il portait la guerre en Egypte, les Autrichiens,
les Russes triomphaient sur cette terre naguère té-
moin de nos succès. Vainement à Zurich Masséna
avait ramené la victoire sous nos drapeaux; le désordre des finances paralysait tous nos efforts, et l'anarchie toujours croissante indiquait une dissolution pro-
chaine, le découragement était partout! le général
Bonaparte débarque à Cannes, l'espérance renaît et
l'on ne doute plus du salut de la patrie.

Bientôt arrive la révolution du 18 brumaire; les
Conseils y donnent leur approbation, nomment une
commission consulaire exécutive. Bonaparte, Sieyes,
Roger-Ducos sont Consuls provisoires, ils choisissent
en même temps dans leur sein deux commissions
chargées de s'entendre avec les Consuls et de discuter
la constitution qui serait proposée. Mon père fut président de la commission des Anciens.

Un ancien membre de l'Assemblée constituante, homme de mérite, mais avec lequel il n'avait conservé aucune liaison, vint le trouver à la commission qu'il présidait : « On a, lui dit-il, des projets sur vous, il faut que vous entriez dans le gouvernement. — Je ne suis pas l'homme qui convient, et, peut-être, la marche qu'on suivrait ne me conviendrait pas. — C'est Bonaparte qui m'envoie. » La réponse fut la même.

Peu de jours après, il reçoit du général-consul une invitation à dîner. Rien n'y est dit qui ait rapport à l'ouverture qui a été faite. Enfin, paraît la nouvelle constitution qui crée trois Consuls définitifs, le général Bonaparte est le premier, Cambacérès le deuxième, Le Brun le troisième.

Le caractère bien connu de ce dernier, sa conduite ne permettent pas de douter qu'il n'ait pas recherché cet honneur périlleux. Une seule fois, avant son départ pour l'Egypte, il avait rencontré le général; — il est vrai que, lors des campagnes d'Italie, dans un rapport de la commission de surveillance de la trésorerie, il s'était exprimé ainsi : « En Italie, des résultats plus importants et une marche plus régulière, là, une armée toujours victorieuse s'est établie dans ses conquêtes, un général qui sait vaincre et négocier, y assure l'exécution des traités, et, sous le règne des armes, une administration presque civile ». Cet éloge si mérité plut sans doute a celui qui en était l'objet, car, depuis, Napoléon le rappela au troisième Consul. Son anxiété fut grande, le général Bonaparte, il le sentait, pouvait seul sauver le pays! mais quelles seraient plus tard les conséquences d'une révolution militaire? Faudrait-il en échange de l'anarchie subir le despotisme? et lui-même, en en devenant l'instrument, ne démentirait-il pas sa vie entière?

Ce fut dans cette disposition d'esprit qu'il se rendit chez le premier Consul : il parla de son âge, de ses craintes, de ses espérances; du besoin de lois fixes, impartiales, qui pesassent également sur tous les partis. « Vous serez content », furent les derniers mots d'une assez longue conversation.

Déjà sous le consulat provisoire, la confiance avait commencé à renaître. La loi des otages, celle de l'emprunt forcé avaient disparues, tout se ressentait du génie et de l'activité du chef du Gouvernement. Avec la nouvelle constitution, les mêmes principes furent suivis, on en connaît les résultats ! On a dit que le premier Consul en choisissant Cambacérès avait voulu donner satisfaction aux intérêts de la révolution, qu'en nommant Le Brun, il avait eu pour but de rassurer les royalistes modérés et constitutionnels, qu'il voulait rallier à son gouvernement. Cela est très vraisemblable; mais il y a lieu de croire aussi que d'autres motifs encore déterminèrent ces deux choix. Tous ceux qui ont été initiés aux affaires de cette époque, ont su la confiance que le premier Consul avait dans ses deux collègues. Celle qu'il témoigna au troisième Consul eut dans le principe un caractère plus intime. Il voulut l'avoir près de lui aux Tuileries; il le faisait appeler souvent, hors des heures du travail, et lui-même a été vu plusieurs fois, montant à six heures du matin au Pavillon de Flore, où demeurait le troisième Consul. On sait la part que ce dernier eut dans le choix d'un très grand nombre de hauts fonctionnaires, des préfets. On sait même que Lucien Bonaparte, alors ministre de l'intérieur, en conçut du mécontentement. — Il contribua à l'organisation administrative, et plus spécialement à celle des finances — On reconnaît son style dans les belles proclamations qui contribuèrent si puissamment à apaiser les discordes civiles en faisant connaître les principes que voulait suivre le chef du gouvernement. C'est aux services rendus à cette époque que Napoléon, trop grand pour les méconnaître, faisait allusion quand, sur le rocher où il expiait sa gloire, il dictait ces paroles écrites dans le Mémorial de Sainte-Hélène. « Le premier Consul aux Tuileries succédait à des temps d'orages, à des mœurs qu'il voulait faire oublier, mais il avait été toujours aux armées; il arrivait d'Égypte, il avait quitté la France jeune et sans expérience, il ne connaissait personne et c'est ce qui lui causa d'abord beaucoup d'embarras. Le Brun fut pour lui, dans ces premiers moments, une espèce de tuteur fort précieux.» — et plus loin : — « Le premier Consul avait une répugnance naturelle contre les faiseurs d'affaires; il se vit presqu'aussitôt entouré de femmes de fournisseurs, de spéculateurs, etc., etc. Mais le sévère Le Brun était là pour éclairer son jeune Télémaque.» On y lit encore: — « Napoléon avait choisi en Cambacérès et Le Brun deux hommes de mérite, deux personnages distingués, tous deux sages, modérés, capables, mais d'une nuance tout-à-fait opposée. L'un avocat des abus des préjugés, des anciennes institutions, du retour des honneurs etc., etc. ; l'autre froid, sévère, insensible, combattant tous ces objets, y cédant sans illusion, et tombant naturellement dans l'idéologie.» Mon père n'était point idéologue, il avait vu de trop près les hommes et les affaires, mais il estimait plusieurs de ceux qui étaient désignés par cette épithète.

Ces citations du Mémorial me dispensent de rien ajouter, elles expliquent sa position sous le Consulat et sous l'Empire, avec les vastes projets médités et mis à exécution par Napoléon ; il ne pouvait plus être un instrument utile, il le sentait, il n'en éprouvait aucun mécontentement; plus que la faveur, il prisait l'estime de Napoléon ; il savait bien ne pouvoir la perdre, il en eut des preuves. La Ligurie va être réunie à la France. L'architrésorier reçoit les pouvoirs nécessaires pour opérer cette réunion; ses actes auront force de loi, il nommera provisoirement aux différents emplois. La campagne qui fut terminée par la bataille d'Austerlitz venait de s'ouvrir ; des bruits sinistres se répandent en Italie; Gênes et ses trois départements restent calmes, son gouverneur peut disposer du peu de troupes qui lui avaient été laissées pour pacifier les troubles qui s'étaient manifestés dans les états de Parme, Plaisance et Guastalla, nouvellement réunis à l'empire. La correspondance de l'Empereur avec le gouverneur général de Gênes a de l'intérêt. Dans les lettres de Napoléon, on retrouve le coup d'œil rapide qui embrasse tous les objets, même ceux qui paraissent de peu d'importance : cette volonté qui ne reconnaît aucun obstacle. Dans les lettres de l'architrésorier, une persévérance respectueuse à résister à tout ce qui peut aliéner au souverain l'affection de ses nouveaux sujets. — Parfois, Napoléon exprime son mécontentement avec vivacité, il y joint toujours des expressions d'estime. L'organisation de Gênes terminée, l'architrésorier demanda son rappel, il l'obtint, mais il dût rester encore trois mois à Gênes, où sa présence, lui écrit l'empereur, est encore nécessaire. De retour à Paris, Napoléon lui exprime sa satisfaction. — Mais Votre Majesté n'a pas toujours été contente de moi, — Aussi je vous ai grondé. — Il est vrai, sire, j'ai senti quelquefois la griffe du lion.

L'architrésorier retrouva à Paris ses habitudes, ses études accoutumées, il faisait sa cour à l'empereur autant que l'exigeait sa position ; sa seule occupation importante fut l'organisation de la Cour des comptes et son installation qu'il dût faire par le privilége de sa dignité. Ainsi s'écoulèrent les années 1807, 1808 et 1809.

Le 8 juillet 1810, il reçoit une lettre de Rambouillet ainsi conçue :

« MON COUSIN,

« J'ai besoin de vos services en Hollande ; faites préparer vos équipages de voyage et rendez-vous le plus tôt possible à Rambouillet pour y prendre vos instructions. Il est indispensable que vous partiez demain soir de Paris pour Amsterdam. Cette lettre n'étant en autre fin, je prie Dieu qu'il vous ait en sa sainte et digne garde.

« Signé : NAPOLÉON. »

Il part pour Rambouillet, l'Empereur l'attendait avec impatience. — Ah! vous voilà, Monsieur l'archi-trésorier, vos équipages sont-ils prêts? — Oui, sire, mais j'espère encore que Votre Majesté en rendra l'emploi inutile. — Non, j'ai besoin de vous en Hollande, vous savez ce qui s'y passe; le roi Louis est parti après avoir abdiqué en faveur de son fils; il n'avait pas le droit de disposer d'une couronne qui m'appartenait, il a manqué à ses devoirs envers moi. Je garde la Hollande, je la gouvernerai moi-même. Vous allez vous y rendre avec le titre de mon lieutenant-général : voici vos instructions, partez sans retard. — Je suis tout prêt, mais il est de mon devoir de rappeler mon âge à Votre Majesté, de lui dire que je serai peu propre à ce qu'elle attend de moi; je ne l'ai pas entièrement satisfaite à Gênes, je ne pourrai pas faire mieux ailleurs. —Vous êtes l'homme qu'il me faut en Hollande.

L'architrésorier avait soixante et onze ans, sa santé, affaiblie momentanément, donnait des inquiétudes à sa famille. Il part cependant; il arrive seul, il n'a autour de lui que des ministres, des fonctionnaires publics hollandais; il faut les connaître, gagner leur confiance, se mettre au courant d'une administration vaste et compliquée. Les caisses étaient vides, il faut assurer

les serviecs publics : il y parvient ! L'exécution des rè-
glements sur la contrebande était confiée aux généraux
français, les officiers, les sous-officiers y participaient
sous leurs ordres ; ces derniers isolément, presque
sans surveillance. Aux vexations, aux abus qu'ils fai-
saient éprouver, il fallait encore en ajouter d'autres
de la part des douaniers; il concilie, autant qu'il lui est
possible avec la répression de la contrebande, les intérêts du commerce et ceux de la pêche, qui n'avaient
pas moins d'importance. Les Hollandais lui tinrent
compte du bien qu'il faisait et du mal qu'il empêchait.
Cependant il s'occupait sans relâche du travail nécessaire pour substituer les lois françaises à celles qui ré-
gissaient le royaume, il y fut aidé par des hommes habiles qui lui furent envoyés de France et dont la plu-
part avaient été désignés par lui. Cette transition opérée
mit fin aux pouvoirs extraordinaires du lieutenant de
l'Empereur. Il resta en Hollande avec le titre de gouverneur-général et des attributions supérieures à celles
qu'indique ce titre.

Les mêmes principes qui avaient réglé sa conduite à
Gênes, il les avait suivis en Hollande. Mais l'Empereur y vint, il y fut bien accueilli, et témoigna au
gouverneur-général une satisfaction plus complète.

On se rappelle ces paroles bienveillantes, mêlées d'une légère ironie, qu'il adressa à une députation : — J'ai fait tout pour vous accommoder, ne vous ai-je pas envoyé l'homme qu'il vous fallait? Vous pleurez avec lui, il pleure avec vous, vous pleurez ensemble. Que pouvais-je faire de mieux? — Cette plaisanterie, qui triompha du flegme hollandais, n'en contenait pas moins son propre éloge et l'éloge de celui qu'il avait choisi.

Aucun événement important ne signala en Hollande les années 1811 et 1812. La retraite de Moscou avait rendu de l'espoir aux partisans de l'ancien gouvernement, mais il ne se produisait pas au dehors. Le désastre de Leipsick, en 1813, la marche rétrograde de nos armées, qui en fut la conséquence, détermina un mouvement général qui se manifesta le 15 septembre à Amsterdam par des cris de : Vive Orange! le feu est mis par la populace aux baraques des douanes, de l'octroi des droits réunis. Le préfet se dérobe, ainsi que le directeur de la police, aux cris de mort dont ils sont poursuivis. Aucun tumulte, aucun cri autour du palais du gouverneur. Il fait appeler les différentes autorités; elles se rendent à son appel; il leur annonce son départ pour le lendemain et les congédie après leur avoir recommandé les mesures d'ordre et de sûreté publique qu'exigent les circonstances.

A onze heures du soir, plusieurs personnes, les premières de la ville, peut-être celles qui dirigeaient le mouvement, viennent en députation. — Nous craignons, disent-elles, l'agitation du peuple et les excès auxquels il peut se porter, ils ne respectera peut-être pas le gouverneur-général, mais que le duc de Plaisance dépose ce titre, et il ne trouvera personnellement à Amsterdam et dans toute la Hollande que des témoignages d'attachement et de respect. Nous-mêmes nous lui servirons d'escorte, nous l'accompagnerons avec une suite nombreuse de voitures. — Voici la réponse : « Arrivé ici comme lieutenant de l'Empereur, gouverneur général maintenant, j'en repartirai avec ce titre. Je ne crains et ne puis craindre le peuple d'Amsterdam. » — Le lendemain matin, ainsi qu'il l'avait annoncé, il montait en voiture, traversait la ville, recevant partout des marques de respect.

Après son départ commencèrent des scènes de pillage et de désordre. Un colonel de gendarmerie fut gravement blessé, une femme tuée, enfin une régence fut créée et rétablit l'ordre.

On connaît les événements de 1814. L'âge du duc de Plaisance ne lui permettait pas d'y prendre une part active. Vainement M. de Talleyrand l'avait pressé d'assister à la séance du sénat où devait être prononcée la déchéance, il n'avait pu rien obtenir ! Au moment où la séance va s'ouvrir, il lui envoie son secrétaire particulier pour tenter un dernier effort.

Voici la réponse textuelle du duc de Plaisance, recueillie par une personne présente :

« Dites à M. de Talleyrand que tant que Louis XVI a vécu, j'ai été fidèle aux Bourbons ; pour eux j'ai porté ma tête presqu'au pied de l'échafaud ; depuis, la France s'est ralliée à un autre gouvernement : je suis loin d'approuver tout ce que l'Empereur a fait, mais j'ai reçu ses bienfaits, je ne me joindrai pas à une assemblée qui tend à le détrôner.

Dans les Cent-Jours il ne prit point de part aux affaires, mais il accepta le titre de grand maître de l'Université ; il ne voulut point de réaction, ne tint pas de compte de dénonciations intéressées, il conserva et encouragea les hommes de mérite, ne scruta pas leur conscience, mais ne souffrit pas que des discussions politiques détournassent les professeurs de leurs devoirs et la jeunesse de ses études. Exclu de la Chambre des Pairs le 24 juillet 1815, il y fut rétabli en 1819.

Entouré de sa famille, il est mort le 16 juin 1824 dans

sa terre de Sainte-Mesme, avec cette tranquillité d'âme qui accompagne l'homme de bien à ses derniers moments.

LE DUC DE PLAISANCE.

Paris, le cinq octobre 1847.

Imprimerie Maulde et Renou, rue Bailleul, 9.

36

www.ingramcontent.com/pod-product-compliance
Lightning Source LLC
Chambersburg PA
CBHW051207050726
47594CB00007B/3101